AF371213

3. Novembre 1776.

ORDONNANCE DU ROI,

Portant Règlement sur le service que les Ouvriers du Corps-royal, auront à faire dans les Arsenaux de construction.

Du 3 Novembre 1776.

DE PAR LE ROI.

SA MAJESTÉ ayant jugé convenable de faire quelques changemens dans le Règlement du 3 octobre 1774, concernant le service des Ouvriers du Corps-royal & des Ouvriers d'État ordinaires de l'Artillerie, entretenus dans les Arsenaux de construction, Elle a ordonné & ordonne ce qui suit :

ARTICLE PREMIER.

LE Directeur de chaque Arsenal de construction, décidera des circonstances où tous les Officiers des compagnies d'Ouvriers seront tenus d'être présens aux travaux de l'Arsenal, ainsi que de l'ordre dans lequel ces Officiers

Service des Officiers des compagnies d'Ouvriers dans les Arsenaux.

A

devront y faire le service, lorfqu'il n'y aura qu'une partie de chaque compagnie employée auxdits travaux : Mais toutes les fois qu'une compagnie entière travaillera, le Lieutenant en troifième ne pourra fe difpenfer de fe trouver aux ateliers, que quand le fervice particulier de ladite compagnie exigera qu'il fe tranfporte ailleurs; dans ce cas, il fera fuppléé par le Sergent-major: mais s'il fe trouvoit des circonftances où l'on pût prévoir que l'un & l'autre fuffent abfens, le Directeur prendra les mefures convenables pour que le Lieutenant en premier foit préfent aux travaux, afin qu'il y ait toujours aux ateliers, un Officier ou au moins le Sergent-major.

2.

LES Capitaines d'Ouvriers, fous l'autorité des Directeurs & Sous-directeurs des Arfenaux, feront chargés de la conduite des travaux, d'en mener l'enfemble, d'en diftribuer les différentes parties aux Ouvriers d'État & externes, ainfi qu'aux ateliers de leurs compagnies; de tracer ou faire tracer, dans le befoin, par les Officiers des compagnies, ou le Chef des Ouvriers, les échantillons ou pièces qui devront l'être.

Lorfqu'il y aura plufieurs compagnies enfemble, le Directeur décidera les parties dont chaque Capitaine en premier devra être particulièrement chargé.

3.

Le Capitaine en fecond & le Lieutenant en premier, rouleront entre eux pour le fervice aux travaux de l'Arfenal.

LORSQUE tous les Officiers de la compagnie feront préfens, le Capitaine en fecond & le Lieutenant en premier rouleront entr'eux, pour que l'un des deux foit toujours de fervice à l'Arfenal : le premier en fera difpenfé lorfqu'il devra fe trouver aux affemblées des Capitaines du Corps-royal, prefcrites par l'Ordonnance de ce jour, concernant la compofition & le fervice du Corps-royal; & le fecond le fera pareillement quand il ira à la falle de Mathématiques. Lorfque le Capitaine en premier fera abfent, le Capitaine en fecond, qui fe trouvera alors chargé de la conduite des

3. *Novembre* 1776.

3

travaux, ainſi que du commandement de la compagnie, ſera diſpenſé de prendre ſon jour; &, dans ce cas, le Lieutenant en premier ſe trouvera aux travaux, autant qu'il le pourra, ſur-tout dans le temps de la journée où ſa préſence y ſera le plus néceſſaire.

4.

QUAND il y aura pluſieurs compagnies d'Ouvriers dans un arſenal, les Capitaines en ſecond & les Lieutenans en premier des différentes compagnies, rouleront entr'eux pour fournir l'Officier de ſervice aux travaux, à moins que le Directeur ne juge néceſſaire, par la multiplicité deſdits travaux, d'y faire aller pluſieurs de ces Officiers; ce dont il ſera toujours le maître.

Ceux des différentes compagnies, rouleront entre eux pour ce même ſervice.

5.

SA MAJESTÉ voulant répartir les Ouvriers d'État ordinaires, de façon qu'il y en ait, dans chaque Arſenal de conſtruction, un nombre ſuffiſant pour pouvoir en tirer, en temps de guerre, ceux dont on aura beſoin pour les armées, Elle ordonne qu'il continuera d'être entretenu à l'arſenal de Grenoble un Chef d'Ouvriers, un premier Charpentier, un premier Charron & un premier Forgeur; & que, dans chacun des arſenaux de Douai, la Fère, Straſbourg, Metz & Auxonne, il y aura déſormais un Chef d'Ouvriers, un premier & deux ſeconds Charrons, un premier & deux ſeconds Forgeurs, & un premier & deux ſeconds Charpentiers ou Menuiſiers; au moyen de quoi le nombre des Ouvriers d'État demeurera fixé, pour l'avenir, à ſix Chefs, dix-huit premiers Ouvriers, & trente ſeconds.

Ouvriers d'État ordinaires entretenus dans chaque Arſenal.

6.

LES Ouvriers d'État devant être des gens experts dans leur profeſſion, & dont la conduite & la fidélité ſoient connues, Sa Majeſté ordonne qu'ils ne ſeront choiſis déſormais que dans les compagnies d'Ouvriers du Corps-royal de l'Artillerie, parmi ceux qui auront rempli au moins deux engagemens de huit ans dans la même com-

D'où ils ſeront tirés.

pagnie, à moins qu'il ne se trouvât quelqu'Ouvrier blessé au service, & qui auroit les qualités ci-dessus requises. Ils seront proposés au Secrétaire d'État ayant le département de la guerre, par le premier Inspecteur, d'après l'avis de l'Inspecteur général du département, & le compte qui en sera rendu à celui-ci par le Directeur de l'arsenal, auquel sera joint le certificat de capacité, de fidélité & de bonnes mœurs, qui sera donné par le Capitaine d'Ouvriers, auquel Sa Majesté s'en prendroit, si quelque raison particulière l'avoit engagé à donner ce certificat à un Ouvrier qui n'en fût pas digne.

7.

Choix des Chefs des Ouvriers d'État.

LES places de Chefs des Ouvriers d'État exigeant la probité la plus épurée, jointe à beaucoup d'intelligence & de talens, Sa Majesté veut qu'elles ne soient données à l'avenir qu'à des Lieutenans en troisième des compagnies d'Ouvriers du Corps-royal, ou à des sujets choisis parmi les Sergens - major desdites compagnies, ou parmi les Ouvriers d'État. Ils seront proposés au Secrétaire d'État ayant le département de la guerre, par le premier Inspecteur, d'après l'avis de l'Inspecteur général du département, & le compte qui en sera rendu à celui-ci par le Directeur de l'Arsenal & les Capitaines d'Ouvriers.

8.

Traitement des Ouvriers d'État.

SA MAJESTÉ voulant de plus en plus exciter l'émulation parmi les Ouvriers des compagnies, en leur réservant des places de retraite où ils puissent conserver l'aisance dont ils jouissent dans lesdites compagnies, Elle a fixé le traitement des Ouvriers d'État sur le pied :

SAVOIR,	PAR MOIS.	PAR AN.
A chaque Chef d'Ouvriers, soixante-quinze liv. par mois, ci.	75 ^{tt}	900 ^{tt}
A chaque premier Ouvrier, quarante-cinq livres par mois, ci.	45.	540.
A chaque second Ouvrier, trente - cinq livres par mois, ci.	35.	420.

3. Novembre 1776.

5

Et en outre de ladite paye, Sa Majesté ordonne que chaque premier ou second Ouvrier d'État, touche, sur les dépenses de l'Arsenal, six sous par chacun des jours qu'il travaillera ou sera employé à la conduite des travaux.

Ceux des Chefs d'Ouvriers qui ont actuellement des appointemens plus forts, continueront d'en jouir, & en seront payés par extraordinaire.

9.

L'UNIFORME des Ouvriers d'État sera : habit gris-de-fer, veste, culotte, paremens & collet bleus, boutons jaunes numérotés 64, & chapeau bordé d'un galon d'or : les Chefs auront des boutonnières d'or jusqu'à la poche; & les premiers Ouvriers, un bordé d'or de dix lignes de large sur le parement.

Uniforme des Ouvriers d'État.

10.

LES cinq Sergens de chaque compagnie d'Ouvriers, seront partagés de façon qu'il y en ait deux qui dirigent les ateliers des Charrons, deux pour conduire les forges, dont un veillera en même-temps sur les Serruriers, & le cinquième sera à la tête des Charpentiers : ces Sergens feront les fonctions de Maîtres de boutiques; ils travailleront eux-mêmes autant qu'ils le pourront, mais ils auront la plus grande attention à ce que les ouvrages soient bien exécutés, & ils instruiront les Ouvriers.

Fonctions des Sergens des compagnies d'Ouvriers.

11.

LES Caporaux & les Appointés des compagnies d'Ouvriers seront les Chefs des ateliers; ils répondront, ainsi que les Sergens, de la bonté des ouvrages qui en sortiront; & lorsque ceux-ci s'absenteront, ils veilleront à ce que les Ouvriers ne quittent pas les travaux, & à ce qu'ils exécutent bien les ouvrages qui leur seront ordonnés.

Fonctions des Caporaux & des Appointés.

12.

LE nombre des Forgeurs sera fixé à chaque feu par trois ou par quatre, suivant l'espèce d'ouvrage qu'ils auront

Distribution des Ouvriers aux différens ateliers.

A 3

à forger : les Caporaux & les Appointés des Forgeurs, mèneront chacun une forge.

Les Charrons feront divisés à raison de huit ou dix pour chaque atelier ; le Caporal & l'Appointé ou les deux Caporaux, s'il y en a deux parmi les Charrons, feront chacun à la tête d'un atelier.

Les Charpentiers feront divisés par quatre ; & il y aura à la tête de chacun des ateliers qu'ils formeront, un Caporal ou un Appointé, ou à leur défaut, le plus ancien Ouvrier de l'escouade des Charpentiers.

13.

Distribution des Ouvriers externes.

LORSQUE les circonstances exigeront qu'on prenne des Ouvriers externes dans un Arsenal, ils feront répartis d'abord dans les ateliers avec les Ouvriers des compagnies, & le Directeur choisira ensuite parmi eux des Chefs & des Sous-chefs d'ateliers, sur-tout pour les Ouvriers en bois : quant aux Forgeurs, il prendra les plus habiles, pour les mettre à la tête de chaque feu. Ces Chefs d'ateliers recevront une paye un peu plus forte que les autres Ouvriers.

Il fera en outre établi un Maître de boutique à chacun des ateliers des Charrons externes. Ce Maître fera choisi par le Directeur, parmi les Ouvriers d'État, ou parmi ceux des compagnies qui feront jugés capables de bien conduire ces ateliers.

A l'égard des Forgeurs & Charpentiers externes, il suffira d'établir un ou deux Maîtres pour veiller sur tous ces Ouvriers, suivant le besoin qu'ils en auront, & le nombre d'ateliers qu'ils formeront.

14.

Fonctions du Chef des Ouvriers d'État.

LE Chef des Ouvriers d'État fera particulièrement chargé de surveiller le débit des bois, de maintenir le bon ordre dans leur arrangement & leur distribution, d'avoir l'œil sur les matériaux de toute espèce, pour qu'il ne s'en fasse pas d'emplois inutiles. Il fera de fréquentes

3. Novembre 1776.

7

vifites dans les ateliers, & veillera à ce que rien ne s'égare, & que les bois & les fers foient mis à profit.

15.

LES premiers Ouvriers d'État feront Gardes des outils, & en répondront ; ils feront chargés de les diftribuer aux différens ateliers, & de les retirer.

Les feconds Ouvriers remplaceront les premiers dans leurs fonctions lorfque ceux-ci ne pourront pas y vaquer, & ils travailleront les uns & les autres quand ils n'auront aucune diftribution à faire.

Les Ouvriers des compagnies exécuteront, dans les travaux des Arfenaux, ce qui leur fera commandé par les Ouvriers d'État, comme fi ceux-ci étoient Sergens defdites compagnies.

Fonctions des premiers & feconds Ouvriers d'État.

16.

LORSQUE le Directeur d'un Arfenal, n'emploiera que le tiers d'une compagnie, foit pour le fervice dudit Arfenal, foit pour celui de l'École d'Artillerie, les Ouvriers ne recevront aucun fupplément de folde ; lorfqu'il en fera employé au-delà du tiers, le furplus de ce tiers fera payé à quinze fous par jour ; & fi ce ne font que quelques hommes choifis pour leurs talens particuliers, les quinze fous feront pour eux en entier : Si au contraire ce font des hommes fans choix, d'un métier quelconque, que la néceffité oblige d'employer, ils ne recevront que dix fous, & les cinq autres fous feront répartis fur les autres hommes de la compagnie qui fourniront au travail.

Mais lorfque la compagnie travaillera en entier, tous ceux qui feront employés recevront un fupplément de folde qui fera de quinze fous par jour pour chaque Sergent, autre que le Sergent-major, & de dix fous pour chacun des autres Ouvriers lorfque les journées feront de dix ou de onze heures de travail ; & lorfqu'elles feront de moins de dix heures, les Sergens ne recevront que douze fous de fupplément de folde, & les autres Ouvriers huit.

Supplément de folde, lorfque la compagnie travaillera en entier.

A 4

17.

Les journées seront de onze heures de travail, depuis le 1.ᵉʳ Avril jusqu'au 10 Septembre compris.

Elles seront de dix heures pendant le mois de Mars, & aussi depuis le 11 Septembre jusqu'au 10 Octobre compris.

Depuis le 11 Octobre jusqu'au 1.ᵉʳ Mars, les journées des Ouvriers en fer, continueront d'être de dix heures de travail ; mais pendant ce temps les Ouvriers en bois commenceront leur travail avec le jour & le finiront à la nuit, en ne prenant qu'une heure d'intervalle pour le dîner, & ces Ouvriers en bois ne seront payés qu'à douze sous pour les Sergens, & à huit sous pour les Ouvriers.

Les journées de travail seront du même nombre d'heures, soit que les compagnies travaillent par tiers, soit qu'elles travaillent autrement.

18.

Appel que feront les Sergens.

Il sera sonné une cloche pour faire entrer les Ouvriers aux ateliers. Un demi-quart d'heure après qu'elle aura cessé de sonner, les Sergens de semaine feront un appel, tant des autres Sergens que des Ouvriers de compagnie, sans cependant les déplacer.

Le Chef des Ouvriers d'État, ou en son absence celui à qui il aura remis le contrôle, fera un pareil appel des Ouvriers d'État, ainsi que des Ouvriers externes.

L'un & l'autre en rendront compte au plus ancien des Officiers de service, qui visitera lui-même, deux fois dans le jour, tous les ateliers, pour s'assurer si tous ceux qui doivent les former, s'y trouvent.

Celui qui manquera à ces appels, ou qui s'absentera de son atelier sans permission, sera privé de la moitié de son supplément de solde, si c'est un Ouvrier de compagnie : si c'est un Ouvrier d'État, il perdra ce supplément en entier; & si c'est un Ouvrier externe, il perdra le quart de sa journée.

Si l'absence dure plus d'un quart-d'heure, ou si elle se réitère dans la même journée, l'Ouvrier de compagnie perdra son supplément de solde en entier : l'Ouvrier d'Etat, en outre de son supplément, perdra le quart de sa solde, & l'Ouvrier externe moitié de sa journée.

Les Chefs d'ateliers seront obligés d'informer de ces absences l'Officier de service lorsqu'il fera ses tournées ; autrement ils subiront une peine double de celle qu'ils auroient encourue s'ils s'étoient absentés eux-mêmes.

19.

IL sera permis au Sergent-major de chaque compagnie d'Ouvriers, de prendre, les jours de la distribution du pain, le nombre d'Apprentis nécessaire pour aller le recevoir ; mais ce pain ne sera donné aux Ouvriers que dans les chambrées, & jamais dans l'Arsenal ; Sa Majesté défendant expressément qu'il soit fait aucune distribution aux Ouvriers pendant les heures du travail.

Distribution du pain aux Ouvriers.

20.

QUAND les travaux feront considérables, le Directeur de l'Arsenal pourra prendre des Ouvriers externes pour émoudre les outils & limer les scies, afin que les Ouvriers de l'Arsenal ne quittent pas le travail sous ce prétexte.

Ouvriers externes pour émoudre les outils.

21.

LE Chef des Ouvriers d'État tiendra journellement des états des journées des Ouvriers d'État, de compagnie & externes qui feront employés à l'Arsenal ; il y fera mention de ceux qui auront manqué au travail, & du temps de leur absence, d'après le compte qui lui en fera rendu chaque jour par le Sergent de chaque atelier en quittant le travail : si quelque Sergent y manquoit, ce Chef en porteroit ses plaintes au Directeur, qui feroit punir ledit

État à former journellement des journées d'Ouvriers.

Sergent, comme il eſt ordonné par l'article 18 de la préſente Ordonnance.

Le Chef des Ouvriers d'État, ſur le compte qui lui en ſera rendu par le Garde des outils, marquera également ſur ſes états les noms des Ouvriers qui en auront perdu, & auxquels la retenue doit en être faite.

22.

Le Garde-magaſin de l'Artillerie aura les clés de tous les magaſins de bois & de fer, à l'exception cependant des flaſques & des bois en grume, qu'on eſt ſouvent obligé de tenir ſous des hangars ouverts.

Il ſera formé un petit magaſin à l'entrée des grands hangars fermés où l'on tient les jantes, les rais & autres bois préparés, dans lequel magaſin on établira une petite proviſion de chaque eſpèce de bois que le Chef des Ouvriers d'État demandera au Garde d'Artillerie, & dont il ſera reſponſable : cet approviſionnement ſera renouvelé tous les mois, ou tous les quinze jours, & même plus ſouvent, ſuivant les conſommations.

Ces bois ſeront donnés en compte au Chef des Ouvriers d'État, qui en fournira ſon reçu au Garde ; & quand ce Chef aura beſoin de madrier, il en avertira ledit Garde, afin qu'il les porte en conſommation ſur ſes états.

Quand il manquera du bois dans un atelier, le Sergent ou autre Maître d'ateliers en demandera au Chef ou à l'Ouvrier d'État auquel le Chef laiſſera ſes clés quand il s'abſentera ; ledit Sergent ou Maître de boutique aura ſoin de marquer ſur un livret la quantité de chaque eſpèce de bois qui entrera dans ſa boutique : le Chef d'Ouvriers inſcrira ſur ſon regiſtre ce qu'il aura délivré, & y fera ſigner celui qui l'aura reçu.

Il ſera auſſi formé un petit magaſin de fer des échantillons propres aux conſtructions qui s'exécuteront : le Chef des Ouvriers d'État en donnera de même ſon reçu

3. Novembre 1776.

11

au Garde d'Artillerie; & il y aura un Ouvrier d'État qui fera chargé de la diftribution de ce fer, & qui en répondra au Chef: il fera placé dans ce magafin des balances en état de pefer trois ou quatre cents livres.

Quand un Ouvrier aura befoin de fer, il s'adreffera au Sergent de fon atelier ou autre Maître de boutique, qui en demandera à l'Ouvrier d'État, auquel il donnera fon reçu, & il aura foin de changer ledit reçu, dans le cas où toute la barre n'ayant pas été employée, il auroit fait rapporter le refte au magafin.

Il fera établi dans chaque forge deux coffres, pour y raffembler, à la fin de chaque journée, dans l'un les riblons de fervice, & dans l'autre les riblons de rebut.

Les Sergens des compagnies auront les clés de ces coffres, & remettront à la fin de chaque femaine au Garde d'Artillerie ce qui s'y trouvera.

23.

LES menus achats de toute efpèce, ainfi que les outils que l'on pourroit acheter en détail, ne feront jamais diftribués aux Ouvriers, qu'ils n'aient été préalablement préfentés au Garde, & enregiftrés par lui.

24.

TOUS les Charrons des compagnies feront obligés de fe pourvoir chacun d'une plane à leurs dépens; ces planes feront choifies, en préfence defdits Charrons, par leur Sergent : le Capitaine de la compagnie en fera les avances; & la retenue en fera faite à ces Ouvriers fur leur paye extraordinaire.

Les Charrons tenus de fe pourvoir d'une plane.

Il ne fera reçu à l'Arfenal aucun Ouvrier externe qui n'ait fa plane, ou qui ne confente qu'on lui en achette une fur fa paye.

Les autres outils feront fournis des magafins du Roi par le Garde d'Artillerie; ils feront tous diftingués par une marque particulière à chaque Arfenal.

25.

IL fera établi un petit magasin pour les outils de chaque profession ; les premiers Ouvriers d'État qui en feront chargés en qualité de Garde des outils, en donneront leur reçu au Garde d'Artillerie, & ils ne les délivreront qu'aux Chefs d'ateliers qui en répondront.

Ces Chefs les distribueront à leurs Ouvriers, en présence du Sergent de l'atelier ; tous les soirs ils les feront rassembler, & la vérification en sera faite en présence du même Sergent.

S'il manque un outil, il sera payé par l'Ouvrier à qui il aura été remis ; le Chef de l'atelier en avertira le Garde des outils, en lui demandant le remplacement de celui qui se trouvera perdu : celui-ci en rendra compte au Chef des Ouvriers d'État, qui enregistrera sur son journal le nom de l'Ouvrier & celui de l'outil ; le Sergent de l'atelier en prendra aussi la note.

S'il se casse un outil par accident, il sera porté par le Chef de l'atelier au Garde des outils, qui le remplacera & le fera raccommoder tout de suite ; & si l'outil se trouve hors de service, il le gardera dans son magasin, pour le représenter au Garde d'Artillerie.

Si un Ouvrier étoit convaincu d'avoir cassé un outil par malice, on lui en feroit payer le prix, & le Directeur le feroit en outre punir sévèrement.

La valeur de ces outils sera retenue aux Ouvriers sur leur supplément de solde.

26.

IL fera construit des coffres qui seront placés dans les différentes boutiques, pour y enfermer les outils quand les Ouvriers quittent le travail ; les clés en feront remises au Chef de chaque atelier.

On donnera aussi un tiroir à chaque Serrurier, pour y enfermer les outils que le Garde lui aura remis en

3. Novembre 1776.

13

préfence de fon Sergent, à l'exception de ceux qui doivent paffer des mains d'un Ouvrier dans celles d'un autre; le Chef de l'atelier des Serruriers en fera chargé; il y aura pour ces derniers outils une armoire particulière.

Lorfque les compagnies travailleront par tiers, les Sergens qui fortiront de femaine, feront, à ceux qui y entreront, la remife de tous les outils dont l'état fera figné de part & d'autre.

27.

LES Gardes des outils feront tous les huit jours, après le travail, une vérification des outils de chaque atelier en préfence du Chef; s'il en manque quelqu'un, & que le Chef ne l'ait pas déclaré pendant la femaine, la retenue lui en fera faite: en conféquence le Sergent en prendra note, & le Garde des outils en rendra compte au Chef des Ouvriers d'État.

Vérification générale à faire tous les huit jours.

28.

LES Gardes des outils feront fouvent la vifite de ceux qui leur feront confiés, principalement des fcies, & ils auront la plus grande attention de les faire limer quand il fera néceffaire; ils renouvelleront auffi fans difficulté les limes des Serruriers, quand leurs Chefs demanderont qu'elles foient changées : s'il fe commettoit des abus à ce fujet, ils feront tenus d'en avertir le Chef des Ouvriers d'État.

Vifite particulière des outils.

29.

IL fera fait tous les trois mois, par le Garde d'Artillerie, en préfence d'un Officier nommé par le Directeur, & du Commiffaire des guerres du Corps-royal, une vérification des magafins d'outils; on choifira pour cette opération un jour de repos : s'il manque des outils, & que les Ouvriers d'État, chargés de leur garde, ne puiffent pas dire les noms de ceux qui les auront perdus, ou repréfenter ceux qui auront été caffés, on les leur fera payer, & la retenue en fera faite fur leurs appointemens.

Vérification des magafins d'outils à faire tous les trois mois.

Les outils jugés hors de fervice, feront caffés & mis dans le magafin de la ferraille.

Quand cette vérification fera faite, le Garde d'Artillerie dreffera un état de fituation de chaque magafin, certifié par l'Officier qui y aura été préfent, & vifé par le Commiffaire des guerres, & il en fera remis une copie au Directeur : ce fera fur-tout à cette époque qu'on achetera les outils néceffaires pour remplacer ceux qui auront été confommés.

30.

Le Garde d'Artillerie prendra tous les famedis, une note des matières qui auront été confommées, & des ouvrages qui auront été faits.

LE Garde d'Artillerie fe trouvera à l'Arfenal tous les famedis après midi, pour y prendre des notes exactes des fers & des bois de chaque efpèce qui auront été confommés pendant la femaine, ainfi que des ouvrages neufs qui auront été conftruits; en obfervant de ne faire mention fur lefdites notes, que de ceux defdits ouvrages qui feront ferrés; il tranfcrira enfuite ces notes fur fon journal de remifes & de confommations : il remplacera en même-temps dans les petits magafins, fi le Chef des Ouvriers le demande, le bois & le fer qui auront été confommés pendant la femaine.

31.

État que doit fournir le Chef des Ouvriers d'État.

LE Chef des Ouvriers d'État dreffera, à la fin de chaque femaine, un état qu'il fignera, des journées d'Ouvriers de chaque profeffion, dans lequel il diftinguera la paye des Sergens, celle des Ouvriers en bois pendant le temps de l'année où ils ont deux fous de moins que les Forgeurs, & enfin celle des Ouvriers d'État & des Externes. Cet état fera conforme au modèle ci-après.

15

Nota. Il est inutile, dans les États des journées d'Été, de distinguer les Ouvriers en bois des autres, parce qu'alors ils ont la même paye.

JOURNÉES D'HIVER.
177

ÉTAT des journées des Ouvriers d'État, de ceux de la Compagnie d   & des Externes qui ont été employés à l'Arsenal d   depuis le   jusqu'au

	QUANTITÉS.			SOMMES.
	sous	liv. sous den.		
JOURNÉES de Travail { d'Ouvriers d'État à...	......	.....		liv. sous den.
de Sergent à........	......	.....		
d'Ouvriers en bois à..	......	.....		
d'Ouvriers en fer à...	......	.....		....
d'Ouvriers externes { à	......	..... à		
à	......	.....		
à	......	.....		
JOURNÉES retenues { aux Ouvriers en bois........	.....			
aux Ouvriers en fer.........	.....			
aux Ouvriers externes........	.....			
OUTILS perdus, dont la retenue doit être faite aux Ouvriers...... { Effettes...............	.....			à soustraire de la somme ci-dessus
Cognées de Charrons........	.....			
&c..............	.....			

TOTAL du montant des journées d'Ouvriers, pendant la semaine.................................   liv. sous den.

Cet état doit être certifié par le Capitaine d'Ouvriers, & visé par le Directeur; le Chef des Ouvriers d'État le portera ensuite au Commissaire des guerres & du Corps-royal, qui le vérifiera, & de-là au Trésorier, qui lui en payera le montant.

32.

ÉTANT nécessaire que les Capitaines d'Ouvriers puissent maintenir la discipline parmi leurs Soldats, sans que le service en souffre, ce qui arrive lorsqu'on met un Ouvrier en prison, Sa Majesté autorise lesdits Capitaines à les punir en les faisant travailler deux ou trois jours, & même davantage, s'ils le jugent à propos, sans paye extraordinaire,

Les Capitaines pourront punir les Ouvriers, en les faisant travailler sans paye extraordinaire.

à moins toutefois que les fautes ne soient affez graves pour mériter une punition plus forte.

Le Chef des Ouvriers d'État aura foin, avant de former fon état des journées, de demander auxdits Capitaines s'ils ont ordonné quelque retenue, afin de la diminuer fur les journées à payer.

33.

Payemens des Ouvriers.

L'ÉTAT des journées étant arrêté comme il eft ordonné par *l'article 3 1* de la préfente Ordonnance, le Tréforier en remettra le montant au Chef des Ouvriers d'État, qui fera, le Dimanche, des paquets, dans lefquels feront contenues les fommes qui feront dûes aux différens ateliers ; il remettra, le lundi, lefdits paquets aux Sergens defdits ateliers, qui diftribueront l'argent aux Ouvriers dans les chambrées.

A l'égard des Ouvriers externes, le Chef des Ouvriers d'État fera également des paquets, dans lefquels fera contenue la fomme dûe à chaque atelier; il écrira fur chaque paquet le nom de l'Ouvrier externe qui aura été mis à la tête de l'atelier, & tous les lundis à midi ils feront diftribués auxdits Chefs d'ateliers, lorfqu'ils fortiront de l'Arfenal : le payement fe fera en préfence du Commiffaire des guerres & du Corps-royal.

34.

État général de femaine.

LE Chef des Ouvriers d'État, dreffera, à la fin de chaque femaine, un fecond état pour rendre un compte général de ce qui fe fera paffé dans l'Arfenal pendant la femaine. Cet état devra être conforme au modèle ci-joint.

540.

ARSENAL d

17

*É*TAT *de ce qui a été fait à l'Arsenal,* *depuis le   jusqu'au*

MATÉRIAUX employés pendant la Semaine.		OUVRAGES NEUFS fortis des Ateliers.	JOURNÉES				TOTAL des JOURNÉES
BOIS.	FER.		d'Ouvriers d'État.	de Sergent.	d'Ouvriers des Compagnies	d'Ouvriers externes.	
200 Jantes. 420 Rais. 32 Armons. 8 Madriers pour flasques de 24. &c.	800 livres pour bandes de roues de 24. 400 livres pour équignons de 24. 600 livres pour boulons de flasques de 12. &c.	15 Roues de 24 en blanc. 22 Roues de 12 ferrées. 2 Affûts de 24 en blanc. 4 Affûts de 24 ferrés. &c.	54.	30.	318.	400.	802.

Il sera fait deux doubles de cet état, l'un pour le Directeur, l'autre pour le Commissaire des guerres & du Corps-royal; ils feront fignés du Chef des Ouvriers d'État, certifiés par le Capitaine d'Ouvriers, & vifés par le Directeur.

Le Commissaire formera un état géneral, à la fin de chaque mois, fur ceux des quatre femaines, lequel fera femblable au modèle ci-deffus, à l'exception feulement qu'il aura foin de ne pas porter fous le titre d'ouvrages neufs, ceux qui ne feront pas finis, afin qu'on puiffe compter en remife ceux qui feront compris dans ledit état.

35.

POUR que les Capitaines d'Ouvriers puiffent figner les états avec connoiffance, les Sergens ou autres Maîtres de boutique remettront au Sergent de femaine les notes qu'ils auront tenues de ce qui fe fera paffé dans leurs ateliers pendant la femaine ; ce Sergent en dreffera un état, & le remettra au Capitaine, ou, en fon abfence, au Commandant de la compagnie, lequel, pour cette partie, fera les mêmes fonctions que ledit Capitaine. Cet état devra être conforme au modèle fuivant.

ARSENAL d

Du   au

ÉTAT à fournir, tous les Samedis, au Commandant de chaque Compagnie d'Ouvriers.

OUVRAGES neufs fortis des Ateliers.	BOIS entrés dans les Ateliers.	BOIS qui reftent dans les boutiques des Charrons.	FER fourni aux Forgeurs.	OUVRIERS qui fe font abfentés.	DURÉE de leur abfence.	OUVRIERS qui ont perdu leurs outils.	NOMS des outils.

Marques à appliquer fur les ouvrages neufs.

36.

II. fera conftruit dans chaque Arfenal, un certain nombre de poinçons ou eftampes en fer, & emmanchées, dont chacun portera un des numéros 1, 2, 3, 4, &c.

19

Le Chef des Ouvriers d'État en donnera un à chaque atelier de Charrons & de Charpentiers, & enregiftrera le numéro de chacun : cette marque, qui fervira à défigner les ouvrages neufs fortis des ateliers, fera appliquée aux-dits ouvrages à la fin de la femaine, ou plus fouvent, fi cela eft néceffaire, par le Chef de l'atelier, en préfence du Sergent, de l'Officier de fervice & du Chef des Ouvriers d'État, lefquels en répondront.

S'il fe trouve quelque pièce effentielle mal conftruite, le Chef de l'atelier fera obligé de la refaire fans recevoir de paye extraordinaire.

On donnera pareillement aux forgeurs, de ces poin-çons ou eftampes, pour être appliqués fur les différentes ferrures avec les mêmes formalités qui font prefcrites pour les Ouvrages en bois.

Il fera fait en outre deux autres poinçons pour les ferrures, dont l'un portera les lettres initiales du nom de l'Arfenal, & l'autre celles du nom du Capitaine d'Ou-vriers : ces deux marques feront mifes fur les principales pièces des ouvrages finis, après qu'ils auront été reconnus fans défaut; elles feront appliquées en préfence du Directeur, du Capitaine d'Ouvriers & du Chef des Ouvriers d'État, qui répondront de la folidité & de la précifion des ouvrages. On marquera également fur une des principales pièces en bois de chaque affût ou autre attirail, l'année pendant laquelle ils auront été faits.

37.

Il fera accordé de temps en temps aux Ouvriers, au choix du Directeur, & fur la demande des Capitaines, des relâches de demi-journées, pour les inftruire des manœuvres d'Artillerie & du tracé des flafques; &, dans la belle faifon, on emploiera plufieurs jours de fuite à leur faire conftruire des ponts.

38.

Dans le cas où quelques articles du préfent Règlement

feroient fans exécution, Sa Majefté enjoint expreffément aux Capitaines d'Ouvriers d'en rendre compte à l'Infpecteur du département.

MANDE & ordonne Sa Majefté au premier Infpecteur, aux Infpecteurs généraux du Corps-royal de l'Artillerie, aux Directeurs des départemens, aux Officiers des compagnies d'Ouvriers , aux Commiffaires des guerres & du Corps-royal, & à tous autres Officiers & Employés de l'Artillerie , de fe conformer à la préfente Ordonnance, & de la faire exécuter fans y apporter ou fouffrir qu'il y foit fait aucun changement.

FAIT à Fontainebleau le trois Novembre mil fept cent foixante-feize.

Signé LOUIS. *Et plus bas,* SAINT-GERMAIN.

A PARIS,
DE L'IMPRIMERIE ROYALE.

M. DCCLXXVI.